AF357147

CONFÉRENCE de M. PERRON

Faite le Dimanche 26 Janvier 1902.

NAPOLÉON Ier ET SA COUR

PENDANT

LES PLUS BELLES ANNÉES DE L'EMPIRE

Napoléon intime. — Son portrait physique et moral. — Joséphine de Beauharnais. — La famille impériale. — Les grands officiers du Palais. — Les dames d'honneur. — Napoléon et les femmes. — Les distractions de la Cour. — « Ouf ! »

Voilà déjà longtemps que l'on s'est pris d'une belle passion pour les particularités de la biographie des grands hommes. En fouillant les archives, en compulsant les papiers du temps et les mémoires de ceux de leurs contemporains qui vécurent dans leur commerce, on est parvenu à connaître jusqu'aux moindres détails de leur personnalité. C'est en se livrant à un travail de ce genre que notre jeune et distingué professeur d'histoire. M. Jules Perron, est arrivé à reconstituer la véritable physionomie de Napoléon Ier intime et qu'il a passionné son nombreux auditoire dans l'intéressante conférence qu'il nous a donnée dimanche dernier.

On a dit des anecdotes que, placées dans une matière aride et un peu monotone, elles égayaient l'esprit et aguichaient l'attention. On a dit aussi qu'elles semblaient. au milieu d'un désert immense, de fraîches oasis à l'ombre desquelles le voyageur aime à se reposer quelques instants, avant de poursuivre sa route dans une immensité poudreuse. Comme on le verra plus loin, M. Jules Perron a émaillé son récit de traits piquants, de particularités secrètes qui, tout en intéressant son auditoire. ont dévoilé les mœurs réelles et le vrai caractère de l'illustre conquérant dont il traitait. Nous nous remémorions, en l'écoutant. cette parole de Dumas fils : « Les héros perdent à être vus de près, on se fait toujours d'eux une idée autre que la réalité », et le mot célèbre de Balzac : « Il n'y a pas de grand homme pour son valet de chambre ».

Non, décidément. il n'y en a pas… Le distingué conférencier nous l'a prouvé, dimanche, et nous sommes presque tenté de le regretter, tout en rendant hommage au talent qui lui a valu le très franc et très légitime succès auquel nous avons été heureux d'applaudir. — F. L.

.·.

La séance s'est ouverte à quatre heures, sous la présidence de M. Pernet. maire de Bar-le-Duc, ayant à sa droite M. Laurent, inspecteur du service sanitaire, vétérinaire départemental, et à sa gauche, MM. Prélat, inspecteur d'Académie, et Schmitt, inspecteur primaire.

On remarquait sur l'estrade : MM. Verbois, Hélène, Fontaine, Mangin, Thirion, conseillers municipaux ; Géhin ; le commandant Brocard ; Simas, chef de dépôt ; Arnould et Vigo, secrétaire et bibliothécaire de la Ligue de l'Enseignement ; Picard, etc.

M. le Maire prend tout d'abord la parole et prononce le discours suivant :

Mesdames, Messieurs,

Le Comité Barrisien de la Ligue de l'Enseignement a la bonne fortune, en ce jour, d'offrir à ses adhérents une Conférence par l'un des professeurs de notre Lycée.

Nous renouons aujourd'hui, avec plaisir, une chaine de traditions interrompues par suite de circonstances indépendantes de notre volonte.

En effet, si la fondation de notre Comité est l'œuvre des républicains de l'époque, il faut reconnaître que l'initiative des éléments universitaires y a contribué efficacement. Pendant longtemps, le dévouement des professeurs alimenta nos conférences publiques, et assura gratuitement le service de notre bibliothèque. Peu à peu ce concours se raréfia, se fit intermittent, puis il cessa complètement pendant de longues années. Nous avons senti alors combien nous manquait ce précieux moyen d'éducation populaire. Il nous revient aujourd'hui en la personne de M. Perron : que grâces lui en soient rendues ! Nous en sommes pleinement satisfaits. Espérons que cette heureuse reprise aura une suite durable.

Aussi nous venons souhaiter la bienvenue à notre sympathique conférencier qui ramènera à la Ligue, par son exemple. des concours et des dévouements que nous désirons ardemment pour le bien de tous.

J'ai déjà eu l'occasion de le dire, et permettez-moi de le répéter : il ne peut exister d'esprit de concurrence entre l'œuvre de Jean Macé et les Sociétés populaires, pas p'us qu'il ne doit y avoir de mauvaise rivalité entre deux sœurs. L'ainée poursuit sa marche en se maintenant à la tête du progrès démocratique et en déblayant les voies de l'instruction et de l'éducation laïque. Sa marche en avant toute humanitaire, son orientation philosophique et son cercle d'action rayonnent davantage, et plus loin et plus haut, que ceux de sa jeune sœur, qui n'agit que sur l'élément local Il peut y avoir émulation entre elles, mais elles ne doivent ni ne peuvent se jalouser dans la recherche de la vérité republicaine et la poursuite d'un idéal commun.

M. Perron en a pensé ainsi puisque, conférencier de la Société Populaire. il a bien voulu devenir celui de la Ligue de l'Enseignement.

C'est aux soirées du samedi, à la salle Exelmans, qu'il s'est révélé au public barrisien en diverses causeries. Les auditeurs ont été frappes par sa méthode d'exposition. toute de clarté et de précision. par ses developpements sobres, par sa parole simple mais non dénuée de coloris, par sa chaleur communicative. Il pénètre

profondément l'esprit de ceux qui l'écoutent et
ses explications bien ordonnées, ses conclusions
ou ses résumés parfaitement déduits éclairent
les questions qu'il traite avec une compétence
et un don de vulgarisation remarquable.

M. Perron va nous parler dans quelques instants de « la Cour de Napoléon Iᵉʳ ». Quoi qu'on
dise, ce nom rappellera toujours les vers d'Au-
guste Barbier :

> Encor Napoléon ! encore sa grande image !
>   Ah ! que ce rude et dur guerrier
> Nous a coûté de sang, de larmes et d'outrages
>   Pour quelques rameaux de lauriers !

A notre époque de travail et de liberté, nous
pouvons examiner en toute indépendance, mais
avec le calme philosophique qui convient à ces
sortes d'études, les grandes silhouettes des
époques disparues.

C'est dans cet esprit que le Comité a accepté
de patronner une conférence sur la Cour du Des-
pote, composé hétérogène où les passions et les
instincts ainsi que les intrigues des personnages
qui le constituaient, créèrent au Maître tant
d'embarras et de perplexités. Nous écouterons
avec intérêt l'orateur en ses développements.
La parole est à M. Perron.

L'allocution de M. Pernet a été très chaleu-
reusement applaudie — surtout dans l'allusion
qu'elle comporte à la Société Populaire, cette
sœur cadette de la Ligue de l'Enseignement —
puis M. le Maire de Bar-le-Duc a donné la parole à M. Jules Perron, dont nous sommes heureux de pouvoir publier *in extenso* la conférence :

NAPOLÉON Ier ET SA COUR

Pendant les plus belles années de l'Empire.

Mesdames.

Messieurs.

L'histoire du premier Empire est entourée de légendes. Il y eut, en ce temps-là, tant d'événements extraordinaires, tant d'héroïsme dépensé, le héros même de l'épopée impériale dépasse tellement la mesure des autres hommes, que nos esprits, habitués à saisir des choses plus simples et plus prosaïques, en demeurent confondus. Je me souviens d'avoir vu, dans mon enfance, quelques-unes de ces vieilles images coloriées, vendues dans les villages par les colporteurs. L'Empereur y tenait toujours la première place : tantôt on le voyait, sur son cheval blanc, passer au galop devant la Grande-Armée rangée en bataille ; tantôt il apparaissait debout, sur les rochers déserts de Sainte-Hélène, les yeux tournés sur la terre lointaine, vers la France. Je ne pouvais me défendre d'une grosse émotion, et j'aurais voulu, de tout mon cœur, pouvoir le faire revivre pour lui parler, pour baiser dévotement, comme jadis les vieux grognards, les pans de la redingote grise.

Hélas ! mes impressions d'autrefois étaient plus naïves qu'exactes : elles se sont aujourd'hui presque évanouies. Depuis vingt ans ont été publiés, sur le premier Empire, tant de *Mémoires* et de *Souvenirs*, que l'histoire de cette fameuse époque se trouve en partie renouvelée. Napoléon a beaucoup perdu à être mieux connu.

Il reste toujours le premier général des temps modernes, le créateur d'institutions administratives qui nous régissent encore et dont l'Europe a fait son profit. Sa capacité intellectuelle, l'énergie impérieuse de sa volonté n'ont pas cessé de nous déconcerter. Mais l'homme n'a pas gardé toutes nos sympathies. Essayons d'en chercher la cause. Tournons la page brillante que de grands historiens ont consacrée aux exploits de l'Empereur. Étudions-le dans sa vie de chaque jour, au milieu de sa famille et de sa cour, pendant les plus belles années de son règne, au moment où luisait encore pour tous ses sujets le soleil d'Austerlitz. Peut-être les observations, ainsi recueillies, nous permettront-elles de voir clair dans l'âme du héros.

I

Il était de petite taille, mal proportionné, son buste était trop grand, ses jambes trop courtes. Il avait la tête forte, le front haut et large, les cheveux châtains et peu abondants ; ses yeux gris-bleu brillaient étrangement quand il parlait ; son nez était régulier, ses lèvres minces, sa mâchoire inférieure légèrement proéminente et volontaire. Son visage, toujours pâle, prit, avec les années, un teint terreux. Il avait les mains et les pieds plutôt petits, et il en éprouvait un sentiment de fierté.

Dans sa jeunesse, il n'avait guère parlé qu'une sorte de patois corse ; mais quand il eut quitté son île pour venir en France, il apprit vite à parler français. Il le prononça toujours difficilement, avec l'accent italien. Sa mémoire fut toujours rebelle à certains mots ; il disait *section* pour *session*, *armistice* pour *amnistie*, *îles Philippiques* pour *îles Philippines*, *point fulminant* pour *point culminant*, *rentes voyagères* pour *rentes viagères*. Mais ces petits défauts n'empêchaient pas qu'il fût éloquent, quand il le voulait, et d'une éloquence ardente, comme son caractère.

Il riait peu, et son sourire semblait souvent forcé. Triste et mélancolique, il paraissait toujours poursuivre quelque idée secrète. Il aimait la rêverie dans une chambre bien close, les lumières presque éteintes. Gare à celui qui venait le troubler dans ses méditations ! il pouvait recevoir des preuves tangibles de la colère impériale ; un coup de poing était vite donné. Il lui est arrivé de témoigner de la bonté à ses serviteurs, mais on pouvait compter ces rares instants de bonne humeur. D'ordinaire, il effrayait tous ceux qui l'entouraient, même ses proches ; il entrait brusquement dans un salon, saluait à peine ses invités, et achevait de les épouvanter par ses gestes courts et cassants. Commençait-il à parler, c'était pour débiter une grande tirade sur n'importe quel sujet ; il y passait du calme parfait à la plus grande colère, et l'on se gardait bien de répondre. Toujours il laissa planer la terreur autour de lui.

Le masque de bronze qu'il savait prendre au milieu des soldats ne doit pas nous faire illusion sur ses vrais sentiments. C'était un égoïste, et il jugeait les autres d'après lui. Jamais il ne comprit la reconnaissance ou le désintéressement. Il croyait à la puissance du mensonge, car il mentait lui-même à merveille. Les hommes

n'étaient pour lui que des chiffres, des unités ; il
ne sut jamais les prendre par leurs bons côtés.
Il semble que ses généraux, comblés de faveurs,
gorgés d'argent et de dignités, auraient dû lui
rester fidèles jusqu'au bout, et mourir pour sa
cause. Ils l'ont pourtant et presque tous aban-
donné, le jour où ils n'eurent plus rien à espé-
rer de lui : il n'avait su les gouverner que par
les mauvaises passions, par l'envie et la vanité,
l'avidité et la jalousie. Seuls, les soldats et les
officiers subalternes lui ont voué un culte, parce
qu'ils ne le voyaient guère : on adore d'autant
mieux les dieux qu'ils sont plus éloignés.

Est-on bien sûr qu'il avait du cœur ? On a
juré qu'il aimait son fils à la folie. En a-t-on des
preuves certaines ? Un jour, il le frappait assez
violemment. « Savez-vous ce que je fais, dit-il à
son entourage, je fouette un roi. » À l'âge de
vingt-six ans, il avait épousé Joséphine de Beauharnais, veuve depuis deux ans, plus âgée que
lui de six ; il était fier d'être uni à une vicom-
tesse, et il eut pour elle une véritable passion,
peu récompensée d'ailleurs. Quand il s'aperçut
que sa femme le trompait, il ne cessa pas de
l'aimer, mais il changea de conduite à son
égard, et son affection devint un mélange sin-
gulier de tendresse et de brutalité. Ainsi, en
1808, il a pris la résolution de divorcer, parce
que Joséphine ne pouvait lui donner d'héritier ;
pendant plusieurs nuits, il fut très agité, il se
lamentait comme une femme. Il s'attendrit et fit
venir l'impératrice : « Pauvre Joséphine, je ne
pourrai jamais te quitter ! » Il la prit dans ses
bras et la tint longuement sur sa poitrine, puis
se coucha et l'appela près de lui ; il pleurait.

« A la lettre, dit Joséphine, il baignait le lit de
ses larmes. » — Mais ces jours-là étaient rares :
le lendemain, il racontait à sa femme qu'il la
trompait, il trouvait cela tout naturel, et, si elle
se plaignait : Je ne suis pas, lui disait-il, un
homme comme un autre ; les lois de morale ou
de convenance ne peuvent être faites pour moi. »
Il abandonnait du reste sa nouvelle amie, avec
autant de sans-gêne qu'il l'avait prise, et courait
à d'autres caprices.

Suivons maintenant l'Empereur dans sa vie
quotidienne, du matin au soir ; son caractère
nous apparaîtra plus nettement marqué.

Il se levait entre sept et huit heures ; ses ré-
veils étaient pénibles ; il était souvent pris de
spasmes et de vomissements, premiers symp-
tômes de l'affection cancéreuse qui l'emportera
plus tard à Sainte-Hélène. Naturellement, son
humeur s'en ressentait, et il accablait de reproches
ses domestiques. Le voici à sa toilette, peu
luxueuse du reste : il se lave à grande eau,
s'inonde d'eau de Cologne, fait des orgies de
pommade. Entre temps, il cause à Corvisart,
son médecin, qui lui dévoile parfois le secret de
ses consultations. S'il lui parle d'un malade, sa
seule question est : Mourra-t-il ? » et, si la
réponse est dubitative, il conclut à l'insuffisance
de la médecine.

On lui présentait plusieurs vêtements ; il
choisissait celui qu'il voulait porter, généralement très simple, car il était modeste dans sa
tenue. Ses domestiques l'aidaient à se vêtir, et
ce n'était pas chose facile, car il ne pouvait se
tenir tranquille, et pour peu qu'une bouton-
nière se montrât rebelle, il déchirait l'habit, ou

envoyait un coup de pied à son valet de chambre. On lui mettait ensuite ses bottes, souvent renouvelées, car il avait la déplorable habitude d'attiser le feu avec son pied ; il brûlait une paire de chaussures par semaine. Sa toilette est presque terminée : il ne lui reste plus qu'à soigner ses mains et ses ongles, une de ses grandes coquetteries.

Enfin, le voilà prêt. Il reçoit dans sa chambre les hauts dignitaires du palais ; ce sont les premières entrées. Viennent ensuite les fonctionnaires un peu moins élevés en grade ; ce sont les secondes entrées. C'était une coutume empruntée à la vieille monarchie, et que Napoléon prit à tâche de ressusciter. Arrive l'heure des audiences pour les ambassadeurs et les chargés d'affaires étrangers : après quoi, les particuliers, qui avaient une pétition à remettre à l'Empereur, pouvaient demander à être présentés ; généralement, il refusait de les recevoir.

A onze heures, Napoléon déjeune dans le « salon de service » ; il mange peu et vite, ne boit presque pas, mais il vide, après le repas, une grande tasse de café. Pendant qu'il est à table, on fait pénétrer dans le salon quelques artistes ou comédiens qu'il désire entretenir ; il discute avec eux, ou, plus exactement, parle tout seul en face de ses interlocuteurs, dont le rôle est d'approuver sans réserve.

Quelques instants après, il est au travail, assiste au Conseil d'État ou s'entretient avec les ministres, dépouille sa correspondance qui est énorme, et qu'il se fait lire presque en entier.

Il dicte les réponses à ses secrétaires, qui

peuvent à peine le suivre ; il veut pourtant qu'ils n'oublient rien et revoit leur besogne ; fort heureusement, il accompagne ses phrases de jurons énergiques, qui laissent quelque répit à ceux qui écrivent sous sa dictée. Rarement, il prend la plume lui-même ; son écriture est illisible ; il n'a jamais eu la patience d'achever un mot ; sa signature même est indéchiffrable.

A six heures, il est temps de dîner ; mais, si les affaires pressent, l'heure est retardée ; Joséphine doit attendre. L'Empereur dîne avec sa femme en tête à tête. Les préfets du palais sont présents, debout ; ils reçoivent les plats de la main des pages. Ils servent tout à la fois sur la table ; car Napoléon ne peut attendre la succession des mets : il lui arrive de commencer par les entremets et de toucher à la confiture, avant d'entamer les viandes. En mangeant, il garde le silence, ou raconte à sa femme quelque événement de la journée.

Après quoi, il retourne au travail, pendant que l'impératrice va l'attendre au grand salon, où les officiers du palais et les dames d'honneur sont déjà rassemblés. Les jeux se forment, surtout le whist, le loto ou les échecs. Vers dix heures, les chambellans ouvrent la porte et annoncent : « Sa Majesté, Messieurs ! » et chacun redoute de voir l'Empereur s'approcher de son jeu. Napoléon joue lui-même, mais il joue mal et s'énerve ; aux échecs, par exemple, il ne pouvait supporter la marche lente des pièces, et, dans les cas embarrassants, renversait le jeu d'un coup de main. Il préférait les distractions plus violentes, comme les barres, quand il habitait Fontainebleau ; mais, là aussi, il était maladroit, il tombait et se relevait en riant aux éclats.

S'il n'y avait personne au palais, il affectait une familiarité plus grande ; il s'asseyait par terre pour jouer avec son petit neveu, Napoléon, fils de son frère Louis, car il lui destinait sa succession, n'ayant pas eu d'enfant de Joséphine. Ou bien, retiré dans l'embrasure d'une fenêtre, il se mettait à cheval sur une chaise, le menton appuyé sur le dos du siége. C'étaient là ses bons jours : il parlait gaiement. Mais il ne fallait pas s'y fier ; après avoir parlé un instant sur le ton de l'intimité, il lui arrivait tout d'un coup de reprendre un visage sévère et d'apostropher impérieusement son interlocuteur, comme pour lui rappeler la distance qui le séparait de lui.

Le moment est venu de se reposer. L'Empereur rentre dans sa chambre ; quelques domestiques seulement l'accompagnent pour le déshabiller. Il dort : son fidèle Mameluk veille dans l'antichambre. Un aide de camp est toujours là, dans le salon de service, pour répondre à la moindre question : il sommeille, la tête appuyée contre une porte. Plus loin, dans les couloirs, on a posté un maréchal des logis de la garde et deux valets de pied. C'est tout ; car la police est bien faite dans le palais et les jardins qui l'entourent. Du reste, le sommeil de l'empereur est léger ; il se relève parfois pour travailler, prendre un bain ou manger. C'est dans la dernière partie de la nuit qu'il dormait le mieux, et voilà pourquoi son réveil était si laborieux.

Ainsi vivait Napoléon, durant la paix, ennemi pour lui-même du faste et du luxe, sévère et dur. Ses parents n'étaient guère faits pour lui rendre la gaieté.

II

Joséphine de Beauharnais avait déjà plus de quarante ans en 1806, elle n'avait jamais été bien jolie, mais elle était très gracieuse. Tout le monde admirait sa taille, et la souplesse de ses mouvements aisés et élégants. En bonne créole, elle était un peu brune de teint ; mais elle savait à merveille le dissimuler sous le rouge et le blanc ; elle passait tous les jours une heure à se peindre le visage ; elle soignait surtout ses yeux qu'elle avait fort doux et qu'elle aimait à rendre plus langoureux encore. Sa bouche, très petite, cachait de mauvaises dents : elle s'étudiait, dans la conversation, à ne point les montrer.

La toilette était son grand souci. L'Empereur lui donnait chaque année 600.000 francs pour ses dépenses personnelles. Cette somme était loin de lui suffire : il fallait à tout moment payer ses dettes. Ses appartements étaient envahis par les marchands de nouveautés, qui ne partaient jamais sans avoir fait de bonnes affaires ; elle ne pouvait voir une belle étoffe sans l'acheter. Elle changeait de linge trois fois par jour, et ne mettait que des bas neufs ; rarement elle revêtait la même robe plus de deux fois. Quand elle apparaissait dans les salons des Tuileries, en grande toilette, couverte de ses bijoux, elle attirait les regards de tous les courtisans. Dans ses appartements privés, les jours ordinaires, elle n'était pas moins séduisante : on la voyait assise dans un fauteuil, vêtue d'un peignoir en soie rose, garnie de dentelles, un petit chien sur les épaules. Elle fut coquette jusqu'à la fin ; quand elle mourut, en 1814, elle était toute couverte de rubans et de satin couleur de rose.

Elle n'avait jamais été bien sérieuse, non pas qu'elle fût mauvaise, mais elle était d'une incorrigible légèreté. Elle ne lisait et ne travaillait jamais ; elle fuyait toutes les occasions de réfléchir ; le travail lui pesait. Elle avait quelque bonté, mais superficielle ; elle mentait habilement, autant que son époux. Elle aussi était égoïste ; son premier mari, mort sur l'échafaud pendant la Terreur, avait été vite oublié, et l'honneur du second, Napoléon, lui tint peu à cœur ; trois jours après son mariage, elle le trompait déjà, et jusqu'au bout, elle garda la tradition de son infidélité. Plus tard, quand elle apprit que Napoléon la trompait aussi, elle pleura, et l'Empereur fut parfois dupe de ses larmes, mais il finit par s'y habituer. Joséphine se résigna, prête à tout supporter plutôt que d'abandonner le rang élevé qu'elle occupait ; elle avait peur du divorce, qui la ferait tomber du trône. Une seule idée la conduisit sous l'Empire, celle de conserver jusqu'au bout la haute situation que Napoléon lui avait donnée ; elle ne devait pas y réussir.

De son premier mariage, elle avait eu deux enfants : une fille, *Hortense*, de caractère faible, qui épousa par ordre un frère de Napoléon, Louis ; et un fils, *Eugène*, une des plus nobles figures de la cour impériale : il donna toujours l'exemple de l'honnêteté et du désintéressement ; aussi fidèle à son père adoptif que respectueux pour sa mère, il pouvait servir de modèle aux frères et sœurs de l'Empereur.

Ils en avaient besoin. Jamais on ne vit famille plus turbulente et plus prétentieuse que celle des Bonaparte. Napoléon avait quatre frères : *Joseph*, plus âgé que lui, *Lucien*, *Louis* et *Jérôme* ; trois sœurs, *Elisa*, *Pauline* et *Caroline*, celle-ci avait épousé un des plus brillants compagnons d'armes de l'Empereur, Murat.

Avec ses frères et sœurs, Napoléon prenait volontiers des allures de maître ; il aurait voulu les diriger à son gré, leur imposer sa volonté, les marier à sa guise : il n'y réussit pas toujours, malgré ses colères et ses violences. Il ne parvenait pas à s'en faire aimer ; jamais il n'a pu les rassassier de titres et d'argent : ils ignoraient la reconnaissance et manquaient presque tous de sens moral.

Les trois sœurs de l'Empereur étaient jalouses de l'impératrice : elles firent tout ce qui dépendait d'elles pour troubler le ménage impérial. La veille du couronnement, le 1ᵉʳ décembre 1804, on leur apprit qu'elles étaient destinées à porter la queue du manteau de Joséphine. Elles versèrent des larmes de rage : elles, les sœurs de l'Empereur, servir de dames d'honneur à une Beauharnais ! Joseph vint se plaindre à Napoléon ; il tint à son frère un langage indigné, comme s'il descendait d'une longue file d'aïeux royaux. Louis, à son tour, exprima sa colère ; puis arrivèrent les sœurs, qui renchérirent encore sur ces lamentations. Napoléon, furieux, les apostropha hautement : « En vérité, à voir vos prétentions, Mesdames, on croirait que nous tenons la couronne des mains du feu roi, notre père. » Caroline, très impressionnable, pâlit tout à coup, et eut une

attaque de nerfs. Heureusement, Talleyrand
intervint pour tout arranger : il fut convenu que
les sœurs ne porteraient pas, mais soutien-
draient le manteau de l'impératrice, et qu'elles
auraient la suprême consolation de voir, en se
retournant, la queue de leur propre manteau
soutenue et portée par leurs dames d'honneur.
Néanmoins, le jour de la cérémonie, les sœurs
de l'Empereur soutinrent le manteau avec tant
de mollesse, que Joséphine faillit trébucher et
tomber à la renverse. Napoléon dut se retourner,
et, d'un mot énergique, réduire ses sœurs à
l'obéissance.

La plus fière et la plus envieuse était Caroline, épouse de Murat. Lors des distributions
de titres et de dignités, elle estimait que son
mari n'avait jamais tout ce qu'il méritait. En
1804, elle est Altesse impériale ; cela ne lui
suffit pas, elle veut devenir princesse ; Napoléon finit par céder, il fait de Murat un prince.
Mais l'ambition de Caroline n'est pas satis-
faite, elle revient à la charge pour obtenir plus
encore, et Murat devient grand-amiral, sans
doute parce qu'il était le premier cavalier de
l'armée ; plus tard même, il devait « passer
roi », comme disaient les soldats.

Murat une fois pourvu, elle songe à son fils
Achille. Elle est jalouse du petit Napoléon, fils
de Louis Bonaparte et d'Hortense de Beauharnais, auquel l'Empereur destine sa succession.
Un jour, l'Empereur le tenait sur ses genoux et
lui disait : « Va, tu seras roi un jour ! » Et
Achille ? interrompirent en chœur Murat et Caroline. Achille sera un bon soldat, répondit
l'Empereur, au grand mécontentement de son

beau-frère, pourvu, pauvre enfant, ajouta-t-il en regardant Napoléon, que tu n'acceptes jamais à dîner chez tes cousins.

C'était donc un ménage troublé que le ménage impérial, et la mère de l'Empereur, « Madame Mère », se gardait bien d'arranger les choses. Ayant autrefois vécu dans la gêne, elle n'avait pu s'habituer à la fortune, et demeurait avare, aux côtés de son fils. Napoléon s'en irritait, et fut toujours en froid avec elle.

III

Aux yeux de l'Empereur, ses parents devaient constituer le noyau d'une *cour* nombreuse, brillante et somptueuse, plus somptueuse que celle des anciens rois. La simplicité républicaine était passée de mode. Il eut la pensée de faire revivre cette belle société de la France d'autrefois, dont les pays étrangers étaient jadis fiers d'imiter jusqu'aux travers, car ces travers même étaient aimables. Et, non content de demander des modèles à l'époque classique, il remonta jusqu'à Charlemagne, ou, au moins, jusqu'au Saint-Empire romain germanique. On commença par ressusciter de hauts fonctionnaires dont les noms étaient oubliés depuis longtemps. Quand on jette aujourd'hui les yeux sur l'almanach impérial, on se demande si on ne lit point un conte de fées.

Napoléon, l'ancien favori de Robespierre, s'appellera désormais Majesté. Du premier coup, il s'habitue à cette dignité nouvelle : jamais il ne s'y trompe. Il disait, le plus naturellement du monde : « Mes sujets, mon peuple mes palais, mes forêts, mes Etats ! » S'il écrivait aux rois ses voisins, il n'oubliait pas la formule : « Monsieur mon bon frère! » S'il parlait aux princes, il n'omettait jamais de dire : « Mon cousin ! » Et pourtant on sentait le côté factice de ces titres pompeux. « Napoléon entra dans la monarchie comme dans un habit dont les mesures avaient été prises exactement. Mais il ne le portera jamais avec aisance, et il gardera désormais l'attitude d'un pasteur de peuples endimanché. »

Autour de lui se pavanaient de hauts dignitaires, dont les fonctions avaient des noms sonores. Tous étaient archi-quelque chose. *Joseph Bonaparte* était Grand-Électeur : à ce titre, il touchait un gros traitement et couchait au Luxembourg. *Cambacérès* était archi-chancelier de l'Empire : son rôle était de donner de grands dîners aux frais de l'Etat, et il s'y entendait fort bien. *Lebrun* était archi-trésorier, douce et grasse sinécure, qui consistait à se rendre au Trésor, à la fin de chaque mois, pour empocher de gros revenus. *Louis Bonaparte* était grand-connétable, sans doute parce qu'il était perclus de douleurs ; *Murat* était grand-amiral, et il ignorait le premier mot de la navigation ; *Eugène de Beauharnais* enfin, était archi-chancelier d'Etat, et ne sut jamais au juste ce qu'il avait à faire.

Parmi ces personnages considérables, les parents de l'Empereur avaient le titre d'Altesses impériales ; les autres n'étaient qu'Altesses sérénissimes.

Au-dessous venaient les grands-officiers : Duroc, grand-maréchal du palais ; Berthier, grand veneur ; Talleyrand, grand-chambellan ; le cardinal Fesch, gran-1-aumônier ; de Caulaincourt, grand-écuyer ; de Ségur, grand-maître des cérémonies. Suivait la foule des chambellans ordinaires, des préfets du palais, des intendants, des trésoriers, des écuyers, des pages. Si l'on y ajoute les ducs, comtes et barons, fonctionnaires de Paris et de la province, qui venaient souvent aux Tuileries faire leur cour à l'Empereur, les dames d'honneur et les dames d'atour de l'Impératrice, les maréchaux vêtus tantôt d'uniformes chamarrés d'or, tantôt d'habits de cour non moins éblouissants, enfin les princes étrangers, surtout allemands, toujours en quête de quelque faveur, on comprendra la fierté de l'ancien lieutenant d'artillerie, qui jadis végétait dans les garnisons d'Auxonne ou de Valence, et qui maintenant présidait à toutes ces splendeurs.

Il ne négligeait rien pour permettre aux courtisans de briller comme il convenait. Les grands officiers ordinaires avaient 40,000 francs de traitement, plus des dotations qui leur rapportaient bien davantage. Le grand-maréchal, le grand-chambellan et le grand-écuyer touchaient chacun 100,000 francs ; le grand-aumônier et le grand-veneur, 80,000 ; le grand-maître des cérémonies, 60,000 ; l'intendant et le trésorier, 40,000 ; les dames d'honneur, 40,000 ; les dames d'atour, 30,000 ; les simples aides de camp ou écuyers, 12,000. N'y avait-il pas de quoi faire honneur à celui de qui on tenait tant de faveurs ?

Si l'Empereur se déplaçait, il les emmenait à sa suite de palais en palais, aux Tuileries, à

Saint-Cloud, à Fontainebleau, parfois à la Malmaison. Toutes ces demeures avaient été meublées à grands frais. Ne fallait-il pas faire oublier Versailles ? Partout des objets précieux,
des bronzes magnifiques, de l'acajou et de la
porcelaine, des tapis et des tentures. Les écuries impériales même étaient princièrement
construites ; elles abritaient douze cents chevaux
de toutes races, qui, les jours de grande fête,
conduisaient les courtisans dans des voitures
dorées.

Seulement, une cour ne se crée pas en un
jour, et la plupart des grands personnages, issus
de familles très humbles. paraissaient embarrassés par tant de luxe. Tout le monde n'avait
pas la grâce parfumée du prince de Talleyrand.
Le langage des maréchaux était parfois émaillé
de saillies rustiques ; leurs femmes, anciennes
servantes, s'évertuaient à devenir princesses ou
duchesses, sans y réussir toujours ; une surtout,
la maréchale Lefebvre, duchesse de Dantzig,
Madame Sans-Gêne, est restée célèbre par ses
excentricités. L'Empereur, souvent grossier lui-
même, supportait malaisément les grossièretés
chez les autres : il voulait que tout le monde
prît de belles manières, se soumît à l'étiquette.
On lui avait dit qu'à Versailles, avant la Révolution. le bon goût était exquis, le savoir-vivre
suprême. Il fit chercher ceux qui avaient été les
témoins de tant de félicités, pour qu'ils servissent d'instructeurs aux nouveaux courtisans.
C'étaient des descendants de grandes familles :
les Montmorency, les la Feuillade, les Colbert,
les Choiseul. « Il n'y a, disait-il, que ces gens-là
qui sachent servir. » Bien plus, Napoléon vou

lut faire donner des leçons de maintien, et il appela aux Tuileries une ancienne femme de chambre de Marie-Antoinette, Mme de Campan, pour remettre en honneur les vieux usages. Un maître de danse de la cour de Louis XVI, Despréaux, vint enseigner l'art de la révérence. Enfin, Talleyrand était chargé de voir, en dernier ressort, si rien ne manquait, si tout était dans l'ordre.

L'Empereur était personnellement au-dessus de ces faiblesses. Il se pliait difficilement aux exigences de l'étiquette. Il restait simple au milieu de ses courtisans galonnés, heureux de prendre ses sujets par la vanité, méprisant pour lui-même ces petites misères. Il avait jadis inventé une tenue brillante pour les Consuls, il ne la porta presque jamais, et, s'il lui arrivait de s'en revêtir, il conservait son gilet blanc et ses grandes bottes, ce qui lui donnait l'air quelque peu ridicule, dont personne ne se fût avisé de sourire. Plus tard, devenu empereur, il avait conservé ses habitudes et n'apparaissait que rarement dans les grandes cérémonies, couvert des vêtements impériaux « Il n'est pas donné à tout le monde, disait-il, d'être habillé simplement. »

Mais, pour les courtisans, il était sans pitié. Jamais on ne vit telle profusion de galons d'or et d'argent, de soie et de fleurs. L'Impératrice donnait l'exemple, avec cette grâce qu'elle mettait en toutes choses. Le 14 juillet 1804, à l'anniversaire de la prise de la Bastille, elle apparut vêtue d'une robe de tulle rose semée d'étoiles d'argent, fort découverte, suivant la mode du temps ; elle était couronnée d'un nombre infini de diamants ; elle effaçait l'éclat des autres toilettes. Six mois après. le jour du couronnement, elle s'avançait, resplendissante de diamants, coiffée de mille boucles, comme les marquises de l'ancien régime ; elle semblait n'avoir que vingt-cinq ans. Vêtue d'une robe de satin blanc, brodée d'or et d'argent, elle avait un bandeau de pierres précieuses, un collier. des boucles d'oreilles, une ceinture du plus grand prix. Et l'on entendit sur son passage un murmure d'admiration, quand, à Notre-Dame, on la couvrit de ce manteau de velours rouge, semé d'abeilles d'or, qui fit pleurer de rage les sœurs de Napoléon.

Les dames d'honneur et d'atour, sans briller du même éclat, attiraient néanmoins les regards. On les voyait, dans les grands dîners, couvertes d'éblouissantes parures. Suivant la mode orientale. qui faisait fureur, elles enroulaient autour de leurs têtes des turbans de mousseline blanche ou de couleur, avec garniture d'or. Sur leurs robes en tissu léger, richement brodées, elles endossaient de petites jaquettes courtes. ouvertes par devant, en étoffe rose ou bleue. On portait alors la taille très haut, au niveau des seins. Les bras, les épaules, la poitrine étaient découverts. car les dames bravaient la température avec un courage intrépide. vieille coutume du Directoire qu'on avait conservée. Jamais on n'avait vu de toilettes si transparentes, si vaporeuses et si azurées.

— Représentons-nous quelques-unes des grandes fêtes de la cour ; nous jugerons mieux de la splendeur. Du jour où une cérémonie était décidée, les grands officiers et les dames ne respiraient plus. Pendant le mois qui précéda le sacre. on ne s'occupa que de chiffons, de costumes et de représentations. Il y eut une répétition générale. Le peintre Isabey habilla d'avance des poupées de bois pour voir l'effet produit. Un autre peintre. David. apprit à chaque acteur son rôle, et la contenance qu'il devait prendre. Napoléon assistait à tous ces préparatifs. adossé à la cheminée, troublant quelquefois le jeu des acteurs par une intervention inopportune. Il se lassait vite de tout ce qu'il voyait. Au couronnement. il bâilla. revêtu du manteau impérial, en velours rouge brodé d'or, couronné de lauriers. le sceptre et le globe en main. Il trouvait la fête trop longue.

Un jour. il fut témoin à Münich d'une cérémonie allemande, dans laquelle le roi et la reine de Bavière. assis sur le trône, passaient en revue toutes les personnes de la cour, admises à faire devant eux une révérence. Il voulut introduire cette coutume en France. « Il se plaça un soir sur son trône avec l'Impératrice ; à sa gauche, les princesses : les dames d'honneur sur des tabourets : les grands-officiers debout des deux côtés. Les dames du palais. les femmes des maréchaux. des grands-officiers et des ministres, défilèrent lentement. en habit de cour très pompeux. et vinrent jusqu'au pied du trône faire leur silencieuse révérence. Les hommes suivirent après. La cérémonie fut interminable : elle charma d'abord l'Empereur qui daigna sourire..., puis elle finit par l'ennuyer mortellement. Sur son ordre. on pressa tout le monde. et on eut assez de peine à lui persuader de demeurer sur son trône jusqu'au bout : peu s'en fallut qu'il ne prît de l'humeur contre ceux qui ne faisaient qu'accomplir sa propre volonté. »

On peut juger de l'ennui des courtisans, quand de pareilles solennités étaient imposées. On ne savait si l'Empereur serait content ; on sentait planer sur soi les regards du maître. Dans les fêtes ordinaires, était-on libre au moins ? Pouvait-on s'amuser et se distraire sans arrière-pensée ? Là aussi, la présence de Napoléon était considérée comme une pénitence. Chacun le voyait avec effroi s'approcher de l'endroit où il se trouvait. Quand il revenait d'une campagne, tout le monde s'interrogeait avec anxiété : on pouvait lire sur tous les visages la plus vive inquiétude. A son approche, plus de camaraderie, de laisser-aller, de familiarité bon-enfant. Adressait-il la parole à quelqu'un, c'était sur un tel ton d'autorité, que l'interlocuteur s'embarrassait ; et alors l'Empereur s'irritait, s'emportait jusqu'aux gros mots ; il sentait qu'on ne l'aimait pas, et cela le rendait furieux. Quelques scènes de la vie de cour vont nous faire mieux comprendre ces relations de Napoléon avec ceux qui l'entouraient.

Un grand *diner* est annoncé : les grands officiers doivent y assister avec les dames d'honneur ; des sénateurs et des ministres sont invités. L'Empereur arrive, et tout le monde s'assied devant une table bien servie, somptueusement décorée : la vaisselle est en argent, et, si l'occasion est solennelle en vermeil. Napoléon, selon son habitude, ne peut suivre l'ordre du service : il attaque le dessert avant les entrées ; c'est un mangeur vulgaire. Puis il se lève et va de convive en convive. Les invités restent silencieux et rêveurs ; ils dressent l'oreille, redoutant le moment où l'Empereur va passer derrière eux. On le voyait tout d'un coup s'appuyer sur le dos du fauteuil de sa femme, et causer à ses voisines. Ce qu'il leur disait n'était guère plaisant : il leur apprenait les bruits qui couraient sur leur compte. L'Impératrice, qui voyait où il voulait en venir, essayait de rompre la conversation, mais il poursuivait : « Oui, mesdames, vous occupez les habitants du faubourg Saint-Germain : ils disent, par exemple, que vous, madame, vous avez telle liaison avec M. X... que vous, madame... », et il continuait. On peut se figurer l'embarras des convives, des femmes surtout.

C'est que les femmes n'occupaient pas, à la cour impériale, la place que nos anciens rois avaient bien voulu leur laisser prendre. Quel rôle brillant elles avaient joué au dix-septième et au dix-huitième siècle ! Les noms de quelques-unes d'entre elles sont restés dans l'histoire. Le souvenir des favorites royales rappelle bien des misères. Mais elles étaient les arbitres du bon ton et de l'élégance. Jamais femme ne fut plus gracieuse et plus piquante que Mme de Pompadour. Les hommes savaient qu'ils tenaient des femmes leur douce urbanité, leur politesse raffinée ; ils leur rendaient l'hommage de la reconnaissance. La galanterie était poussée à l'extrême ; le roi lui-même voulait bien, quand il parlait à une dame, oublier sa gravité et sa majesté. Louis XIV, dont on sait l'orgueil et la fierté, ne passait jamais devant la moindre soubrette sans lever son chapeau. — A la cour de Napoléon Ier, la galanterie est reléguée au second plan. Les femmes ne comptent que comme ornement, comme l'humble parure d'une société, où l'Empereur doit être le point de mire de tous les regards. Il ne pouvait supporter aucune supériorité, pas même celle de la beauté. Il n'aimait pas les femmes, ou plutôt il ne les aimait pas pour elles-mêmes, mais pour lui-même. Il disait souvent que l'amour était fait pour d'autres, qu'il ne voulait pas de l'empire des femmes, qu'elles avaient fait tort à Henri IV et à Louis XIV.

Quand il y avait *soirée* au palais, les dames de la cour étaient naturellement dans leurs plus beaux atours. A l'heure où l'on s'y attendait le moins, l'Empereur entrait, et commençait à danser ; mais il ne parvenait pas à suivre la mesure ; il s'agitait sans grâce et s'énervait. Alors il abandonnait sa cavalière et marchait d'un bout à l'autre du salon. Dès qu'un groupe le voyait s'approcher, il gardait le silence, et Napoléon se mettait à poser ses habituelles questions sur le même ton bref et cassant : « Qui êtes-vous ? Comment vous appelez vous ? » Quelques-uns s'étaient vu poser la même question plus de cinquante fois et s'irritaient en secret que leur visage ne fût pas plus facile à reconnaître. Un jour, il s'arrêta près de Grétry, qui, depuis un an, venait à la cour, et lui demanda : « Comment vous appelez-vous ? — Toujours Grétry, Sire. » — Les dames étaient mal à leur aise ; jamais il ne les abordait qu'avec gêne et mauvaise grâce. Il leur prenait le menton, ou leur pinçait l'oreille, comme ferait un maître d'école à un enfant. Il ne leur parlait que de leur toilette, dont il se prétendait juge minutieux, et sur laquelle il leur faisait d'amères plaisanteries : « Pourquoi n'avez-vous pas de rouge, disait-il un soir à Mme de Rémusat ? Vous êtes trop pâle. » Elle lui répondait qu'elle avait oublié d'en mettre. « Comment ! une femme qui oublie son rouge ! » Et il éclata de rire, en se tournant vers sa femme. « Cela ne t'arrivera jamais, Joséphine ! » Puis il ajouta : « Les femmes ont deux choses qui leur vont fort bien : le rouge et les larmes. » D'autres fois, il s'enquérait près des dames du nombre de leurs enfants, leur demandant en termes crus, si elles les avaient nourris elles-mêmes ; ou bien, s'adressant à une princesse dont on vantait la beauté : « Ah ! bon Dieu ! on m'avait dit que vous étiez jolie ! » Souvent, il était plus cruel encore. « C'est un beau temps pour vous, Madame, que les campagnes de votre mari ! » Il racontait même publiquement ses propres fredaines, et ne tolérait pas que Joséphine se plaignît. Bref, il n'omettait aucune occasion de blesser les autres : le bon goût lui était étranger. « Quel dommage, disait Talleyrand, qu'un si grand homme ait été si mal élevé ! »

Les *concerts* et les *spectacles* n'étaient guère plus gais. A la Malmaison, les princes eux-mêmes et les princesses jouaient la comédie : Eugène et Hortense étaient, paraît-il, d'excellents acteurs, et l'éternelle question était pour eux celle-ci : « L'Empereur a-t-il ri ? » A Fontainebleau, il y avait deux spectacles par semaine : on y faisait venir les meilleurs acteurs de Paris : Talma, qui recevait une forte pension ; Mlle George, qui fut un instant l'amie de Napoléon, au grand désespoir de Joséphine. Il arrivait que,

le matin même du jour où devait avoir lieu la
comédie, Napoléon changeait d'idée, désirait
voir jouer une autre pièce ; il fallait courir à Paris, et prévenir les acteurs qu'ils eussent à pré-
parer un autre rôle. A la représentation, il écou-
tait rarement, il rêvait ou s'endormait ; défense
d'applaudir : c'était à mourir d'ennui. Les femmes bâillaient péniblement à l'abri de leur éven-
tail. Toute la cour attendait impatiemment la
chute du rideau, et s'en allait achever au lit le
rêve déjà commencé. L'Empereur, en sortant,
remarquait qu'on ne s'était point amusé, et s'emportait contre la tristesse. On a dit plaisamment
que ces spectacles achevèrent la ruine de la lit-
térature classique. « Les romantiques n'ont jamais compris la reconnaissance qu'ils devaient
à l'Empereur. » Quand on ne joua plus Cor-
neille, Racine ou leurs pâles imitateurs, ce fut
un soupir de soulagement, un concert de béné-
dictions !

D'autres fois, on organisait de grandes audi-
tions musicales ou des ballets. Dans une des
plus grandes salles du palais, on disposait des
siéges en gradins, où la cour devait prendre
place. L'Empereur arrivait, escorté de 4 à 500
personnes, qui se plaçaient hiérarchiquement,
comme dans les cérémonies officielles. Les toilettes étaient splendides ; les dames avaient pro-
digué les diamants en guirlande, en bandeaux
et en épis. La musique commençait : l'Empereur bâillait, toujours inamusable ; pourtant, il
s'intéressait aux ballets. Quand c'était fini, on
se rendait à la galerie de Diane, faire un petit
souper. C'était un luxe inouï de cristaux et de
porcelaines : les bijoux des dames scintillaient à

la lumière ; c'étaient des scènes féeriques ; mais
là, comme au théâtre, il n'y avait pas de sécu-
rité. Tout le monde perdait son aplomb. On
s'abstenait de penser, pour éviter de parler.

Enfin, même dans les bals parés et masqués,
la contrainte était de rigueur. Ils furent nombreux, sous le Consulat et l'Empire ; les hommes y venaient en domino, les dames en costumes élégants, variés et multicolores. L'Empereur s'y rendait avec Duroc ; il était « masqué
jusqu'aux dents ». On craignait de se heurter à
lui ; mais il était facilement reconnaissable,
pour peu qu'on l'eût jamais vu. D'abord, il dan-
sait mal, gauchement ; puis il s'arrêtait, croisait
ses mains derrière son dos ; jamais il ne put
perdre cette habitude. Son plaisir était d'écouter
les conversations, ou d'attaquer les femmes les-
tement, avec peu de décence ; il ne pouvait supporter la malicieuse intention qu'elles avaient de
rester inconnues ; quand il ne voyait pas tout de
suite à qui il avait affaire, il déchirait le masque.
Ou bien il s'approchait des hommes, les ques-
tionnait sans délicatesse, leur contait des anecdotes, vraies ou fausses sur leurs femmes, les
mettait au courant de la moindre intrigue.

Ainsi, à tous les instants de la journée, la
présence du souverain mettait les courtisans
dans une gêne pénible. On eût dit des soldats
se préparant à de perpétuelles revues, dans un
régiment, où le colonel n'était disposé à supporter aucune faiblesse. Heureusement, les
campagnes se suivaient à de courts intervalles,
et l'idée que l'Empereur allait partir au loin re-
mettait les cœurs en gaieté. A la cour, on en

venait à considérer la guerre comme un présent
du ciel.

Qu'était-ce donc que cette cour impériale ?
Une continuelle représentation, une parade
pompeuse, suivant une discipline rigide. Tout
le cérémonial s'exécutait comme s'il eût été
réglé par un roulement de tambour, comme si
tous les mouvements se fussent faits au com-
mandement de : « En avant, marche ! » Il fallait
surveiller ses paroles, subir une perpétuelle
contrainte, s'ennuyer par ordre supérieur. Les
délicieux bavardages, qui faisaient le charme de
l'ancienne cour, étaient bannis : la plaisanterie
était exclue ; le rire n'était permis qu'à de rares
occasions. Le comte Romantzof, ministre des
affaires étrangères de Russie, vint un jour aux
Tuileries : « Comment trouvez-vous, lui dit
l'Empereur, que je gouverne les Français ? —
Un peu trop sérieusement, Sire. » Ce n'était pas
alors une banalité que de parler de la vieille
gaieté française.

Napoléon à la cour, Napoléon au conseil
d'Etat, Napoléon en soirée, c'est toujours et
partout la même chose, le même despotisme dé-
fiant. L'opposition n'était tolérée nulle part, pas
plus au théâtre qu'à l'armée, au bal qu'au gou-
vernement. Tout le monde admirait son éton-
nant génie ; personne, parmi ceux qui le con-
naissaient bien, ne pouvait l'aimer. Son égoïsme
était trop apparent ; il rapportait toutes choses à lui, se considérait comme le centre du
monde, semblait croire que la France fût faite
pour lui, et non lui pour la France. Comprend-
on quel fardeau pesait sur les consciences et les
volontés ? Il devinait lui-même les sentiments

qu'il inspirait. Un jour de grande réception, il s'approcha d'une dame : « Savez-vous ce qu'on dirait, si je venais à disparaître ? » et, comme elle hésitait, dévorée du désir de plaire à l'Empereur : « Eh bien ! reprit-il, on dirait : Ouf ! » Ce jour-là, Napoléon fut prophète.

Jules PERRON.

BAR-LE-DUC. — IMPRIMERIE DE L'INDÉPENDANCE DE L'EST.